JN418174

상사 연가

상사 연가

박범석 시집

月刊文學 출판부

| 시인의 말 |

단지 당한 바람 맞고
태어난 시들에
눈길 머무르면
삶의 향 피어나기를.

2019년 봄
박범석

차례

제2부

제3부

제4부

| 해설 |

제1부

산목련

어디서 날아왔을까
저 많은 하얀 새들

따사한 햇살 내리고
실바람 잎들을 간질이는
산골짝 한 그루 나무에
하얀 새 떼 앉아
무슨 사연 저리 홍겨운지
소잘 소잘 소잘……

하얀 새 떼 바라보면
하얀 마음 되고
스르르 미소가 피는데

수려한 삶의 시간 끝나면
인연들과 작별하고
어디론가 모두 날아가겠지

개망초꽃

시냇가 무성한 잡풀 사이에
피어 있는 개망초꽃

키 크고 굵게 태어나지 않아도
아무도 원망 않고
제 보다 키 작고 가는 잡풀 보며
가슴을 펴고 있다

향기 좋은 큰 꽃 피우지 못해도
누구에게도 부끄러워 않고
제 보다 향기 옅은 작은 꽃 보며
어깨에 힘 주고 있다

아무도 발길 멈추고 보지 않아도
부드럽고 산산한 마파람에
사알살 배꼽춤 춘다

길 위의 개구리

논 사이 아스팔트길 가장자리
낙엽처럼 말라 있는 개구리 한 마리

수려한 삶 꽃 피우지 못한 채
서둘러 이생 떠난 사연은 무엇이더냐

건너편서 보낸 분홍빛 송신 받고
잽싸게 만나 황홀한 시간 빚으려다 그랬느냐
맞은편서 날아온 지기의 부름 듣고
급속히 만나 달큼한 정담 나누려다 그랬느냐
건너편서 알린 부모의 애저린 사연 잡고
얼른 달려가 위안 드리려다 그랬느냐

조급하게 했던 사연은 개구리와 함께
오월의 햇볕에 마르고 있다

차 바퀴 지날 때마다
개구리의 비명이 애처로이 들려

인근 꽃밭에 고이 묻는다

차 없는 세상에서 희원한 복 누리거라

매화, 더 하얗다

무료로 주는 보약 복용 시작하는데
아스팔트 길가 비파나무 밑
잿빛 새 한 마리 긴 돌멩이처럼 굳어 있다

이름 없는 불치의 병마에 견집하여
밤새도록 나뭇가지에 앉아 신음하다
끝내 절명되어 낙하했나
산에서 굶주림 둘러싼 인내의 울이 터져
두려움 팽개치고 인가에 내려왔으나
허기 지우지 못해 현생 떠났나
천적의 송곳 부리에 찍혀 피난왔으나
보이지 않는 상채기 나달이 길어져도
쾌차 오지 않아 생이 끝났나

그대로 두고 지나치려니
귀가하는 피곤한 차의 발굽에 두 번 죽어
미화차 타고 쓰레기 무덤으로 갈 것 같아
두 손으로 살며시 잡고 산으로 올라가
매화나무 밑에 고이 장사지내며 기도했다

고통 없는 세상에서 만복 누리거라

이듬해 피어난 매화는
전년 보다 더 하얗고
실바람 소리 같은 새소리 흩트렸다

새집

발길이 잦은 길 옆 젊은 느티나무에
사랑으로 빚은 조그만 새집 하나
매미처럼 붙어 있다

느티나무 곁 지나며 새집을 살피는데
새는 발자국도 없다 이따금

비둘기가 새집 곁을 지나며
우리들이 살기엔 너무 작아요
참새가 새집 안을 기웃거리며
깃털을 깔아 포근하게 해야지요
어떤 새는 새집을 바라보며
발자국 소리 무서워 못 살겠어요

아무 새도 살지 않는 빈 새집은
바람이 지나가다 쉬었다 가고
햇살이 방안을 데우다 간다

가랑꼬에

나름의 빛깔로 새 주인 기다리는 꽃 중에

발길 붙잡는 유혹 못 이겨 데려와

다육이 가족 곁에 앉힌 가랑꼬에

꽃 없어 사막 같은 꽃분대에 홀로

빠알간 함박웃음 오래 보이며

오랜 고뇌로 낀 마음의 잿빛 구름 물리고

그 자리에 정열과 용기 깔아 주어

신록 같은 희망 솟구치게 한다

대문 안을 드나드는 낯선 얼굴도

보름달 되게 한다

꿈의 다리
——순천만정원 · 1

지구에 처음 태어난
어린 꿈들이 사는 다리미술관

다리의 외모 찬찬히 훑으면
모를땐메뉴맨위에있는음식을주문한다 따위
삶을 밝히는 글자가 색색으로 꾸며져 있어
슬며시 미소가 피어난다
지나던 바람도 잠시 머물러 읽어보고
햇살도 글자를 가만가만 만져본다

다리 안으로 들어서면
사방연속무늬 이루며 양편 벽면에 사는
세계 열여섯 나라 십사만 어린이의 꿈이
처음 만난 이웃들과 속삭인다
너 이름 뭐니 어느 나라에서 왔니
순천만정원 너무 아름답다
이따금 꿈들은 새소리도 흩뜨리고
달큼한 동요도 잔잔히 흘려보낸다

세계에서 모인 영롱한 꿈들은
상큼한 녹빛 희망 안겨주고
지구의 건강한 미래 이루고
평화의 꽃 온 세상에 가득하게 하리

한국정원
——순천만정원 · 2

길섶에 흐드러진 오색꽃들의 환대 받으며
야틈한 연둣빛 산 포근한 품에 안긴
한국정원에 들어선다
꽃담 안 궁궐정원 부용정에서
쪽빛 저고리 하얀 치마 입은 여인이 앉아
흩트리는 은근한 대금 가락에
관람객들의 마음 푸근히 잠든다
마알간 연못의 비단 잉어 꼬리춤 추고
앞산의 철쭉들 분홍빛 미소 보낸다
어수문 거쳐 군자정원에 들어서서
광풍각 찬찬히 바라보니
갓 쓰고 하얀 두루마기 입고 앉아
풍광으로 시를 빚던 옛 선비의 자태
꿈처럼 아스라이 보인다
군자정원 지나 소망정원에 이르니
정화수 떠 놓고 가족의 의망 성취
두 손 모아 간찰히 기원하던
옛 여인들의 모습이 선연히 떠오른다

순천호수정원

—순천만정원·3

호수정원은 하늘에서 내려다보는
미려한 순천이다

도심을 가르는 동천을 건너
나선길 바람에 마음의 먼지 날리며
봉화언덕 정상에 오르니
선인들의 안민 위한 불꽃이 선하다

인제·난봉언덕 바라보니
산성으로 외적 막고 순천 수호하던
박난봉 장군의 말굽소리 병사들의 함성
꿈결처럼 아련히 들린다

해룡언덕 건너다보니
토성 쌓고 순천 지키다 해룡산신 되었다는
박영규 장군의 애향심이 눈에 잡힌다

앵무언덕 내려다보니
노적가리 전설이 떠오르며

선인들의 기발한 지혜가 긍지 안겨준다

멀리 보이는 순천만언덕은
녹색 잔디에 오색 줄이 가로로 수 놓여
노을이 앉은 풍경화 같은 순천만
세계인의 뇌중에 머물게 한다

군자란

물리치료실 들어가는 골마루 한 켠에 앉아
찡그리고 배틀대는 이들의 구겨진 마음
주황빛 미소로 슬며시 펴준다

실내에 들어서면 여러 따스한 친절이
무거운 짐 지고 난험한 길 오래 걸어
늙은 기계의 부품처럼 나타나는 통증
잠시 내려놓으며 잊게 한다

군자란은 골마루 나서는 이들에게
이것이 내 인생길이다
나 보다 더 험한 이도 있다
꾸준히 오가면 쾌유 만난다
이렇게 생각하라고 군자처럼 일러준다

군자란 같은 위안 미소 그리며
계단을 조심스레 내려온다

화태도

—섬·1

한 해 걸려 낙도에 대한 두려움 물리고
인연 안내로 꿈의 주춧돌 주우러 간 곳

처음 머문 낯선 섬의 일주일은
두 그리움이 사무쳐 자전을 높이고 싶었다

폭풍주의보 아랑곳 않은 어선에 올랐다가
전복될 듯 흔들며 후려치는 파도에
널빤지 밑 사자의 손 잡을 뻔 했다

모두가 낚시터인 섬 울녘
조석으로 찾아가 섬의 희락 낚으면
외로움과 고뇌로움이 비누방울처럼 사그라졌다

차가운 먹빛 겨울밤
선착장에서 밧줄을 잡고 어선 타려다
급작스레 해수에서 자맥질한 후
섬 삶의 증표가 늘 허리에 붙어 있다

이따금 섬 남녀들은 알코올 세계에 들면
마당에서 장구 반주에 노래하며
그동안 쌓인 마음의 티끌 닦아내고
삶의 활기 높게 쌓아 올렸다

초도

—섬 · 2

오랜 시간 노도의 횡포에 시달려야
문을 열어 주는 섬

처음 머문 한 달은
향수의 감옥이었다

아침마다 발걸음에 맞춰
다짐의 말 반복했다

선착장에서 바라보는 대해는
외로움을 잠재웠다

알코올에 깊숙이 들어가면
바다는 잠수도 시켰다

마음이 동반 않는 사랑은
쉬이 잊혀짐을 일러줬다

야중에도 뭍으로 가는 배
언제나 두고 살아야 하는 섬

소거문도

—섬·3

종선 훔켜잡고 산머리 파도 넘고 넘어
들어가기도 했던 섬

여섯 아이 처음 볼 땐 미안했는데
모두 목표선 밟게 하려니 바다가 고마워졌다

이따금 마을 뒷산에 오르면
바위에서 석곡이 하얀 미소로 위로하고
달달한 멍나무 열매는 피로를 날려 주었다

전화 왔다는 방송 온 마을에 퍼지면
물음표 뇌리에 간직한 채
헐레벌떡 마을 회관으로 달렸다

여섯 해 섬살이가 준 선물 반환하려고
너삼 같은 물 오래 들이켜니
남몰래 설운 물이 흘러내렸다

장사도에서 보내는 편지
—섬·4

오천여 통 연서로 사랑의 꽃 가꾸던
청마·정운의 시 앞뒤로 새긴 시비 앞에 앉아
너에게 편지를 쓴다

장사도 오르는 비탈길 가 초록빛 숲엔
만날 때마다 웃음꽃 곱던 너의 얼굴이
진홍빛 동백꽃으로 반기고 있어
발길을 멈추고 한참 바라보았단다
폐교된 장사도분교에 들어서니
운동회날 단체경기하며 앉아 있던
나와 함께 경주하자던 너의 모습이
그날처럼 또렷이 떠올랐다
전망대에 올라 내려다보니
거센 파도는 인생길의 가시덤불 같았고
세찬 해풍은 과거의 망각을 부추겼다
섬아기집에서 잔잔히 흘러나오는
구슬픈 노래 섬집아기는
낙도에 살던 너의 어린시절 이야기였다
동백 터널 길바닥에 뒹구는 꽃 보니

너의 사랑이 사늘히 시들어버린 것 같아
발걸음을 재촉했다 안녕!

푸른 바다 건너갈 편지
시비 옆 빨간 우체통에 살며시 넣는다

백령도
—섬·5

효심의 배려로 앉은
방안처럼 안온한 하모니플라워호

길섶에선 해당화가 빠알간 미소로
논에선 어린 모가 물 위로 낯 내밀고
호기심 가득한 관광객을 반겼다

인당수가 아슴히 보인 심청각 뜨락
남녘 바다 바라보며 치맛자락 들고 선 심청
효심 일깨며 평화 부르고 있다

주문진 유람선에 올라 검푸른 바다 지나니
어선의 한반도기가 우리의 숙원 대변하고 있고
별별 명칭의 기암은 자연의 신비 감상 시키고
점박이물범은 잿빛 얼굴 내밀어 관광객 구경하고
갈매기는 유람선 따라 날며 끼욱끼욱 환영했다

콩돌 해변 얕고 맑은 바닷물에서
여러 빛깔의 반들반들한 작고 납작한 돌

맨발로 천천히 밟고 걸으니
마음의 분진 멀끔히 씻기며 삶의 향 넘친다

산머리와 암벽의 초소
길섶의 북녘을 노려보고 있는 포신
이따금 숲 속에서 튀어나오는 총성이
최전방 자각시키며 평온 깨뜨리기도 했다

하룻동안 불안의 감옥에 감금한
바다의 안개

가출

하얀 향이 흩날리는 냇가 바위에
어린 잿빛 갈매기 한 마리
동그마니 고개 떨군 채 서 있다

무슨 연유 있어 낯선 객지에 있을까
부모의 지천 피해 무작정 뛰쳐나와
자신의 과오 스스로 뉘웇고
먼데 가족들 그리고 있는 것 아닐까
친구 잃은 슬픔 훌훌 털어 버리려고
정처 없이 낯선 곳에 날아왔건만
다정의 추억이 슬픔 붙들고 있는 것 아닐까

오래 서 있으니 허기가 밀물처럼 오는지
여기저기 시선을 꽂아 보다가
깊은 물 수면 어선처럼 떠다니며
사냥해 보지만 매양 허탕이다
얕은 물이 허기 날려 주는 구세주다

홀로 다시 바위에 선다

아무도 가까이 와 다정한 말 주지 않고
써늘한 하늬바람에 움츠리는데
갑자기 상공에 폭격기 같은 새 나타나
잽싸게 냇가 풀숲 방공호로 대피한다

어린 잿빛 갈매기는
풀숲 방공호에서 바르르 떨며
애타게 기다리는 고향 하늘을 바라본다

무화과나무

남들처럼

화사하고 향그른 꽃

피우지 않고도

옹차고 달금한 열매

여럿에게 나눠 주며

가슴 펴고 팔에 힘 준다

무화과 같은 시 쓰고 싶다

연두꽃

십여 꽃분의 다육이들이 친구처럼 모여 산다
여름 아침, 그 가운데 하나가 꽃을 피운다

꽃잎 조그만큼 하고 뾰족한 연두꽃
하나 피었다 지면 또 연달아 피운다

꽃잎 작고 빛깔 화미하지 않아
아무도 거들떠보지 않아도

이곳에선 나 혼자 꽃 피운다
발길 멈추고 눈길 안줘도 좋다
조상 원망 않고 늘 감은 보낸다
꽃 피울 수 있다는 게 얼마나 행복이냐

소리 없이 말하며 어엿이 산다

석곡

짭조름한 해풍이 해조의 가락 태우고 노니는
외딴섬 숲속 바위에 붙어 살던 석곡

찻잔 같은 꽃분의 모래에 심고
갓난 외아들처럼 극진한 사랑 부어도
향수의 고통 물리지 못한 연유인지
이따금 애틋한 노란빛 작별 건네준다

간신히 연명한 세 줄기 중 하나
물음표가 붙은 좁쌀만 한 청록이
잎 밑에서 뾰족이 얼굴 내민다

고대의 시간 지나 하얀 매화향이
가느란 꽃자루에 매단 붉으스레한 꽃망울
곤히 잠든 갓난아기 같다

만개한 나팔 같은 연보라 꽃은
세상에 유일한 어린 손자의 미소처럼
어둔 낯빛으로 거실에 들어서는
내 마음에 등화를 켠다

덩굴손

옥상에서 신우대 타고 올라오는

손자 같은 호박 넌출 눈으로 만진다

낚줄 같은 덩굴손의 간힘으로

조금씩 오르는 호박 넌출이 귀염성스럽다

넌출은 풍우에도 끄떡없이 전진케 하는

덩굴손 떠올리며 늘 머리 숙인다

우리 마음에도 철사 같은 덩굴손 있어야

폭풍우 물리고 꿈을 이루리

제2부

도선암에서
——상사 연가·1

숲에서 연주하는 새들의 환영곡 음미하며
풀꽃 향기와 시원한 그늘이 노니는 비탈길
나비들의 안내로 굽이굽이 돌아 찾은
운동산 포근한 품에 안긴 도선암

대적광전 뜨락에 올라서니
처마 끝 풍경은 오수에 빠져 있고
개미들은 뜨락을 가만가만 지나는데
장대가 빚는 낙수소리만 적정을 깨고 있다

법당문 슬며시 열고 들어서니
육십여 년만에 다시 만난 부처님은
이산가족처럼 금빛 미소로 반기며
어릴 적 심어준 불심의 이행 소리 없이 묻는다
나도 소리 없이 최선 다한다고 대답했다

엎드린 호랑이 같은 산의 품에 안긴 도선암
달리는 사슴 같은 산 사랑옵게 바라보며
불심을 바람에 실어 온 상사인에게 전한다

이천서원(伊川書院)*

——상사 연가 · 2

동백꽃 향이 고요한 뜨락에 내리는 이천서원의
이천사 방문 홀로 살며시 열고 들어가
상주 박씨 할아버지 세 분의 위패 앞에 서서
고개 숙여 눈 감고 기도 올리니
애정 어린 덕담 한 마디씩 건네준다

기묘사화로 억울하게 유배된
문강공 도원재 박세희 할아버지는
사과나무 밑에서 갓 고쳐 쓴 사람
도둑으로 몰아 억울한 옥살이 시키는
무서운 세상 없어야 하느니라

기묘사화로 순천 쌍지내로 피신하여
후진 가르친 운곡공 박중손 할아버지는
명심보감 잘 아는 아이 대처 학교 보내고
짚신 잘 삼는 아이 구두방 보내야 하느니라

임진왜란 때 의병 모아 참전하다
순절한 남포공 박대붕 할아버지는

불 나서 화상 입고 가옥 소실 후 한탄 말고
불 나기 전 미리미리 대비해야 하느니라

조상들의 조그만 선물 마음에 담고
상사의 보물 이천서원 떠나오니
앞으로 걸어야 할 삶의 길 또렷이 보인다

* 이천서원(伊川書院): 순천시 상사면 동백 마을에 있는데 사당 이천사에는 박세희, 박증손, 박대봉 세 분의 위패를 봉안하고 있다.

땀고개*

—상사 연가·3

고통이 넘어가면
환희가 넘어오던 고개다

장날이면 남정네들
새끼로 엮은 십여 미터 되는 참대나
커다란 바위만 한 아궁이의 양식
지게에 단단히 묶어 지고

장날이면 아낙네들
제 머리통 보다 몇 십 배 큰
산야에서 땀으로 거둬들인 짐
꼭꼭 묶어 머리에 이고

가파른 고갯길 비틀비틀
중력의 고통 소망으로 달래며
조금 오르다 쉬고 조금 오르다 쉬고
간신히 고개 넘으면 전신이 젖는다

일요일이면 학생들
한 주의 먹거리 든 배낭 짊어지고 오르다

시루떡 바구에 앉아 쉬며
상사 서쪽으로 가는 기적소리 그리다가
움푹 패인 정상 고갯길 가 돌무덤
소름 돋아 장끼 달리듯 지나면
내의가 축축해진다

고개 넘어올 땐
복사꽃 얼굴의 남정네들은
어른들의 요망 지게에 지고
살구꽃 얼굴의 아낙네들은
아이들의 소망 머리에 이고
배꽃 얼굴의 학생들은
자라는 꿈의 씨앗 배낭에 담고
가벼운 마음으로 넘어온다

고통과 환희가 묻은 옛길 숨기고
인적 드문 비스듬한 새 길 내놓은
땀고개 바라보니
유년의 추억들이 느껍다

* 땀고개: 순천시의 상사면에서 와룡동으로 넘어오는 고개.

이사천

—상사 연가·4

산골짝에서 태어나 자란 이사천
모유 같은 물이 상사의 복판 흐르며
허기 지우고 갈증 달랜다
냇물은 물새들 태우고 놀며
삶의 희비 얘기 서로 나누다
고픈 배도 채워준다
냇물이 펴 놓은 모래톱에서
어떤 소녀는 손가락 연필로
하늘로 가신 어머니 얼굴 그리고
어떤 소년은 모래 반죽으로
전학한 친구의 모습 빚는다
냇물은 대망을 품고
바위에 부딪는 아픔 견디며
쉼 없이 흘러 꿈을 잡는다

우산이의 독백

—상사 연가·5

적막한 흘산 마을 앞 우산보 곁에서 홀로 우산이의 애저린 독백을 듣습니다 백만평 도사들의 젖퉁이 같은 우산보 막기만 하면 터져버려 농부들의 걱정이 타는 줄도 모르고 다시 막고 있는 보 곁을 지나는데, 느닷없이 한 농부가 잽싸게 달려와 허씨의 꿈에 나타난 신인이 우산이를 잡아 넣으면 보가 터지지 않는다 했다면서 여남은 살 된 나를 잡아 새끼로 묶어 봇둑에 파묻으니 그 뒤로 보가 무너지지 않았다네요 아무 죄 없이 돌연 꽃도 피우지 못하고 이승에서 쫓겨나니 너무나 억울하고 분통했어요 하지만 운명으로 받아들이고 나의 살신성인으로 많은 백성들이 귀중한 목숨 이어가고 화미한 삶 누리는 걸 보며 모두 관용하고 살고 있네요 우산아! 만인 위해 인생의 꽃 활짝 피우지 못한 채 이생을 떠난 너의 은덕으로 많은 사람들은 마음속에 비둘기를 두고 살고 있으니 너도 현생에서 만나지 못한 다복 누리며 영원히 살아라 했습니다

상사호

—상사 연가·6

다섯 마을 깊숙이 감추고
청록빛 얼굴로 시치미 떼고 있다

마을의 소식들이 물거품 되어
보글보글 수면 밖으로 나온다
집의 뼈다귀 밑에선 물고기들이
숨바꼭질하며 살고 있다는
마을의 전설 듬뿍 품은 느티나무가
재미난 전설 하나씩 내보낸다는
다리 구실하던 징검돌들이
밟고 오가던 사람들 보고 싶어한다는

이따금 찾아오는 수몰지구 사람들
망향비 곁에서 호수 바라보면
타임머신 타고 여행하게 되어
희비의 추억들이 마음을 애달게 한다

호수 주변 산에 잠든 사람들도
하얀 물새 되어 호수 위를 날며

물속의 고향 마을 내려다보고
가물가물한 애환의 추억 그리고 있다

화수목(花水木)
―상사 연가·7

탄생한 지 십여 년 된 보이지 않는 애정
받고 있는 상사의 막내 마을

피톤치드 자우룩한 수목들의 품에 안겨
흐르는 물소리 경음악으로 들으며
마을에 맴도는 꽃향기 보며 산다

길가 나무 밑 얌전히 있는 정자는
마을의 애환 소식 흘려 보내고
심신의 버거움 날려 준다

여러 시설로 문화의 삶이 자유롭고
이웃 마을과 어울림 즐기는 주민들은
각처 요직에서 헌신을 누리고 있다

화수목 사람들은
꽃처럼 아름다운 마음 지니고
물처럼 인내와 끈기로
나무처럼 댕댕한 꿈 이루리

박대봉 의사
—상사 연가·8

한양에 벼슬 두고 산수 아늑한 쌍지로 와
후진 가르침 일삼던 박증손의 손자로
가족의 희원 품고 드스운 사랑 속에 자랐어요

주경야독으로 사마시에 합격하고
주부 벼슬에 올라 민초 위해 헌신했어요

임진왜란 일어나 왜군이 국토 짓밟자
이글대는 호국의 마음 진화할 수 없어
의병 이끌고 금산 전투에 참여하여
왜군 격퇴하고 장렬히 순사했어요

위태위태한 전장이라 시신을 못 찾아
상사면 이천서원에 초혼 배향하고
해마다 춘절에 제향하고 있어요

상사인들은 숭고한 호국의 얼 이어받아
각지에서 긍지 있는 삶 누리고 있어요

박항래 의사

—상사 연가·9

숯불 같은 광복의 마음 견딜 수 없어
두려움 밟고 남문교 옆 연자루에 홀로 올라
저잣거리의 내색 없는 군중을 향해
조국 독립을 우렁찬 목소리로 호소했다

숨죽인 군중이 바라보는 가운데
독립을 애타게 부르던 자유는
무자비한 진압의 끈에 묶여
순식간에 연자루에서 끌어내려졌다

독립의 싹 지우려고 소나기처럼 퍼부은
감옥의 온갖 고통에 짓눌려
그 마음 꽉 껴안은 채 눈을 감았다

오늘은 남문교 옆 쉼터에 홀로 서서
바라보며 지나는 시민들을 향해
조국 통일을 소리 없이 호소하고 있다

정진화 병사
—상사 연가 · 10

어둑어둑한 유월의 새벽
눈빛이 축축한 가족들의 배웅 받으며
논산을 향해 고요한 신작로 걷는다
길 아래 시냇물은 환송의 노래 부르고
길 위 초목들은 소리 없는 박수를 보낸다

방아쇠 당기는 것도 서툰 채
먹빛 같은 밤 전선으로 실려 가
비 오듯 쏟아지는 탄환 피하며
뺏고 뺏기는 싸움 거듭하다
팔뚝에 솟는 피 누르며 후송 되었다

부상이 아물자 달큼한 휴가 얻고
포근한 둥지에 돌아온 그는
탄환 공포 없는 후방으로 보내주세요
입 안에서 맴도는 말 안 한 채
무거운 발걸음으로 귀대했다

며칠 흐른 어느 날 오후

하얀 천에 싸인 조그만 상자
묶은 끈 목에 걸고 두 손으로 받쳐든 병사가
천천히 고향 마을로 들어섰다
마을은 홀연 초상집 되고
산천은 비통에 젖어 고요했다
하늘은 돌연 잿빛 옷 갈아 입었다

이젠 둥지 근처 따사한 선산에
부모와 함께 평안히 잠들어 있다
평화 그득한 세상이길 빌며

원고개

—상사 연가 · 11

힘겨움 인내로 물리며
여섯 해 넘으니
꿈의 씨앗 튼실히 자라
열매 탱탱하게 영글었어요

청보리밭에 숨어 있는 설렘 그리며
진분홍빛 미소가 연접하는
고갯길 호올로 걸으면
소월의 진달래꽃 가요
바람 타고 산골짝으로 내려갔어요

버거움 이거나 지고
닷새마다 넘어
대처 저잣거리 다녀와야
가느란 삶이 끊기지 않았어요

평강

—상사 연가 · 12

서정 마을 앞 이사천의 한 부분
평강은 홍수 때 걷는 길이다

편편히 건너던 평강 밑 낮은 다리
홍수가 깊숙이 감춰 버린 날이면
가느란 삶 잇고 갈매빛 꿈 이루기 위해
냇바닥 판판하고 물살이 순한
구세주 같은 평강을 찾아간다

옷가지와 소중품 묶어 머리에 이고
가슴빽까지 물이 차오른 평강
위에서 아래로 물살에 밀려 건널 땐
떠내려갈까 봐 두근두근 소마소마
그럴 때 잡아주던 선배의 손길은
평생 잊히지 않는 뜬뜬한 줄이었다

꿈 이뤄주고 삶 잇게 한 평강은
오늘도 흐뭇한 미소 보내며
유유히 흐르고 있다

운곡 대보름 액막이 굿
—상사 연가·13

정월 대보름 아침나절 마을 앞에서 나발소리 날아오면 마을 사람들이 동구 앞 길목에 모여 솟대 세워 놓고 남자는 안 여자는 밖에서 춤으로 원그리며

서산에 지는 해는
지고 싶어 지느냐
날 두고 가신 님은
가고 싶어 가느냐
얼시구나 달구야
절시구나 달구야
예헤로 달구

달구소리 하며 마을의 안녕과 풍요 기축한다

어둠이 깔리면 장정 서너 명이 이웃 마을에 쥐처럼 들어가 디딜방아 훔쳐 나온다 들켜도 주인은 액에 안 물리려고 뺏지 않는다 고샅에서 여자들이 받아 메고

흉년 들면 쑥방아요

현미 백미 풍년 방아
여야 어유와 방아로다
아들 낳으면 효자 낳고
딸을 낳으면 열녀 낳고
지신 지신 지신아
청룡 지신을 울려라

방아소리, 지신 밟기소리 하며 자기 마을 앞에 와선 남자들과 어울려 한바탕 풍물로 즐긴다 그러다 마을 앞 길목에선 갈라진 방앗다리에 과부의 달거리 피 묻은 속곳 씌운 디딜방아를 거꾸로 묻고 여자들만 그 주위에 둘러앉아 고개 숙이고 손 비비며 질병과 재앙 막아달라고 축원한다

남자들은 숫줄 여자들은 암줄 메고 마을 앞으로 나오며

하늘에는 별도 총총
꽃밭에는 꽃이 총총
달아달아 밝은 달아
이태백이 놀던 달아
어얼사 덜이 덜렁

줄메는 얼사소리 한다 두 줄을 이어 남녀로 나눠 줄다리기 하는데 여자들이 모성애의 보답으로 승리한다 남근 모양의 탑석에 남자가 숫줄 감고 그 위에 남근 강하라고 여자가 암줄 감으며 풍요 다산 기원한다

마을 사람들은 원 그리며 치는 풍물과
동에는 청제 장군 청말 위 청안장
청갑 쓰고 청갑옷 입고 청활화살을
손에 들고 동방에 떨어져서 대기
수살로 막아내세
애 애루 액이야 애라 중천 액이로구나

액막이소리로 흥겨운 축제 펼치며 액막이 굿이 문화재 되어 영원하길 갈망한다

세장산

—상사 연가 · 14

세장산은 상주 박씨 선인들의 처소

신라 경주에서 태어난
내 피는 이곳을 거쳐 흐르고 있다
이곳 피가 흐르는 후손들은 누리에 흩어져
세장산 선인들의 버팀목 같은 후원 입어
저마다 울퉁불퉁한 생이 활보하고 있다

해마다 낙엽이 보시하는 가을이면
후손들은 세장산에 안긴 운곡정사에 모여
선인들의 영혼 전에 청작 서수 차려놓고
감은의 절 공겸히 드린다

세장산은 후손들의 도덕 교과서

모교

—상사 연가 · 15

국사봉의 정기가 쌍천의 이야기 듣는 곳

숫눈 같은 마음과 호기한 뇌중에
삶의 주춧돌 홍겨이 하나씩 놓던 곳

여순사건에서 이적처럼 생을 건진
스승 성인처럼 우러르며
삶을 바꿔주는 교훈 받던 곳

웃음꽃 피우며 베푸는 따스함이
난해한 배움 쉽고 흥취나게 했던 곳

라디오에서 숨죽이며 남침을 알고
북한 국기 철없이 정성 부어 그리고
김일성 찬양가 철없이 목청 돋워 불렀던 곳

이따금 오는 공비들의 총소리 아랑곳 않고
특이한 가르침으로 꿈의 싹 튼실히 키워줘
감은이 평생 내심에 자리하게 한 곳

이젠 새 명찰에 맞게 변장하고
미려한 옛추억 깊숙이 간직하고 있는 곳

피난
——상사 연가 · 16

윙윙윙 한밤 마을의 북쪽에서 시작한 개소리 동쪽 우리집까지 이어지면 쿵쿵쿵 파르티잔의 군화소리 방안으로 들이닥쳤다 나는 이불 속에서 숨죽이며 약탈 모습 들었다

날강도 같은 파르티잔 사라지면 방바닥엔 쌀알이 흩어져 있고 마당엔 닭털이 뒹굴었다 낮이 오면 순사들이 들이닥쳐 공여죄 씌우며 날선 호통 던지고 갔다

밤의 몸서리 피해 순사의 손길 가까운 마륜으로 피난했다 생필품만 챙겨와 비좁은 방 하나에 아홉 가솔이 기거하며 새벽이면 이십리 떨어진 고향 논밭에 가 진일 가쁘게 일하다 어둑하면 터벅터벅 귀가했다 몸은 찌들어도 마음은 평강했다 다시 고향 마을에서 십리 떨어진 용암으로 옮기니 밤엔 거북해도 낮엔 가벼웠다

버거운 피난살이 떨치고 귀향하니 군화소리 안 들려 몸은 새털 되고 마음은 꽃밭 되었다

감나무
—상사 연가 · 17

향리집 마당 가장자리 빙 둘러서 있던
다섯 그루 감나무

봄이면 금빛 목걸이 목에 걸고
오졸대며 동네를 배회했고

여름이면 물에서 건진 청록 과자
달곰한 간식 되었다

가을엔 불그름한 둥근 과자
사랑방에 소복이 쌓아 놓고
한 주일 도회에서 주린 배 웃겼으며

겨울엔 조심스레 감나무에 올라
대바구니 덮은 짚 살짝 열어제치면
빨갛고 말랑한 꿀덩이가 나왔다

지금도 이따금 향리에 들르면
늙은 감나무들이 꽃 같은 추억 귀띔한다

원로회

—상사 연가 · 18

대처의 숲에서 옮겨 심은
고희 넘은 고목 아홉 그루

나름대로 어엿한 삶 잇다가
다달이 한 번씩은
여러 빛깔의 얘기로 우애 쌓고

이따금 고향의 괴로움 찾아들면
넓은 품으로 위로하고
희락 안겨 보낸다

순천만정원 1번 나무

—상사 연가 · 19

꽃 같은 명찰 달고 별의별 자태로 서서
향그른 환희 연둣빛 희원 선사하는 나무도감원
나무 사잇길 새들의 얘기 음미하며 걷다 멈춘다

순천만정원에 가장 처음 온 백살 넘은 소나무
한 번 만나고 싶었으나 이승 떠났다고 해
아쉬움만 지닌 채 잊고 있다 우연히 만나니
얼굴빛 다른 사람 많은 낯선 이국에서
보고 싶었던 고향 사람 만난 듯 반갑다

순천시 상사면 용암리 산머리에 살다가
세계인의 마음에 희열 넘치게 하기 위해
초대형 헬기 타고 제일 먼저 이사와
상습 침수지 둥글게 돋은 흙에 살고 있다

나무도감원 한가운데서
나무 몸통 구멍 작은 그물 같은 베로 친친 감고
큰 가지 셋 철기둥으로 떠받치고 있지만
기묘하게 꼬불꼬불한 가는 가지와 초록 침엽들

실바람에 멋스러이 춤사위 보여 주고 있어
수백 수목들의 군주 같다

이사 온 지 여덟 해 된 소나무야!
부디 건강하게 무성히 자라
상사인의 긍지와 자존심 보여 주거라

상사면지

—상사 연가 · 20

면지는 상사의 역사서다
그 속에는
선인들의 손길과 땀이 빚은 진중한 자취
인간의 정신 아름답게 나타내는 활동
면민의 안락한 생 위한 벼슬아치들의 노고
재물 얻고 건강 지키며 누리는 만족한 삶
지덕을 쌓고 튼실한 몸 기르는 일
신이나 절대자 믿어 얻는 마음의 평안과 행복
마을의 유래와 특이한 여러 모습의
과거와 현재가 다정히 손 잡고 있다

면지에 가만히 귀기울이면
물소리가 들린다 새소리도 들린다

면지에 가만히 코를 대면
흙내가 난다 꽃 향내도 난다

면지 펼쳐보면 문두근 시인의
정성이 보이고 땀 내음도 난다

상사인이여!
상사면지를 거울삼아
즐겁고 바르고 어엿하게 살자

제3부

아슴히 보인다

깜깜한
여름 새벽
소쩍새 운다

아파 아파 아파……

방문 자꾸만
칩떠보던
유년의 새벽
신음 재우려는
어머니의 손길
아슴히 보인다

고모

인연의 안내 받으며 보금자리 떠나
가난의 군무 한창인 낯선 오막살이로 들어가
피땀으로 가난을 모조리 물리었다

산길 삼십리 터벅터벅 걸어
사립 밀고 들어설 때마다
보름달 얼굴로 달려나와 손 잡아줘
내 마음엔 복사꽃 피고 길에서 쌓인 피로
봄낮 휘날리는 눈처럼 녹았다

고모집에 머물면
둥글넓적하고 달금한 간식이 미소 주고
아무 시킴 없이 빈방에서 하고픈 일 하니
일상에서 쌓인 마음의 얼룩 스르르 사라지고
지난 삶의 성찰도 머물다 갔다
번민의 늪에 빠져 잠 못 이룰 때
살며시 내 곁에 다가와 건네준 위로
걱정 말아라 몸만 건강하면 산다
수면제 되고 평생의 교훈 되었다

대처에서 홀로 꿈을 키우던
영특하고 건실한 열넷 첫 아들
끝나는 열병이 냇물에 빠져
밭일로 방에 재워둔 어린 둘째 아들
사립 앞 작은 다리에서
물 조금 고인 도랑으로 떨어져
이승 떠나 피울음 타는 아픔을 겪고
아들 하나면 대가 끊긴다는
지아비의 성화 못 이겨 묵인하고
독수공방의 쓰라린 밤을 보내야 했다

심내 마을 뒤 산기슭에
나란히 잠들어 있는
누나 같은 사랑 듬뿍 주신 고모님!
받기만 하고 보답 못해 죄스럽네요
아픔과 설움 없는 세상에서
이승에서 희원하던 만복 누리세요

당숙

낯선 외지 단란한 삶이면서도
이따금 둥지에 들러 향수 내려놓았다
우렁 속 같은 산골 고향 사람들
오락에 굶주린 마음 채워주려고
손수 빚은 알찬 극본으로
고향 젊은이들에게 밤으로 연습시켜
마당 평상 위 하얀 막 설치한 무대에서
희비에 젖게 하는 연극 펼쳐 보였다
마당의 덕석에 앉은 남녀노소
배꼽 누르거나 눈물 질금거렸다
초임 발령난 내게
친구의 이름으로 빚은 말쑥한 새 양복
차림으로 부임하게 해줘
하얀 꽃눈 내리는 첫 출근길
새 양복은 천사의 날개 같았다
비포장 신작로 함께 걸으면
상공을 더 높이 날려는 새 가리키고
찻집에 둘이 마주보고 앉으면
구수한 우애로운 형제 얘기 들려주었다

너무 늦게 만났다

몹시 상태가 안 좋데요
병마와 사투한지 여러 해 된 그이
이승에서 못 만날까 봐 부랴사랴 달려갔다

고목처럼 누워 있는 핼쑥한 육신
누군지 아세요
감길 듯한 눈으로 응시만
답답증 씻으려고 문 밖으로 나왔다

바스러질 것 같은 뒤란의 장작더미는
혈기방장한 그이의 젊음을 보여 주고
마당 언저리 멋대로 자라는 잡초는
병석에 누운 시간의 더께이 알려 주고
가족의 허기 달래 주던 감나무는
웃음기 잃은 감꽃 피우고 있다

그이는 내 삶의 길잡이
공부의 주춧돌 놓아 주어
급우들에게 배움을 나눠 주었고

학우들에게 부러움의 박수도 받았으며
내 삶의 동반자 찾을 땐
일상의 분주함 밀쳐 둬 가며
불편과 비난 아랑곳 않고 거들었다

그이는 가족의 울타리
서툴러 고초가 큰 농사도 곁눈질로 하고
배움터 아이들의 뒷바라지에 땀 쏟고
집안 병마 물리기 위해 고뇌에 시달리며
가족의 삶 묵묵히 지켰다

맥박이 가늘고 느린 손목 잡고
다시 물었다
내가 누군지 아세요
한참 말끄러미 바라보더니
바쁜은데 와았는가
들릴 듯 말 듯 희미한 목소리다

이승의 마지막 모습 보고나니

마음이 가벼워지다가
마주 앉아 미각 흐뭇이 해 드리며
대화로 우애 도탑게 못한 것이
마음에 회한으로 내려앉는다

네 글자

욕실 입구 탁자 위에 쌓인
하얀 수건에 찍힌 남빛 네 글자

훔친 수건

주인의 고뇌가 수 놓은 듯 박혀 있다
욕실은 마음을 못 닦아
글자의 힘을 빌린 것이다

네 글자가
불결한 마음 건정히 씻는
세척제 되길 주인은
기우제 지내는 농부처럼 고대한다

어머니의 편지

잘 다녀올게요
참꽃 미소 건네주고 집을 나선 후
100일이 흘러도 차갑고 어둔 해저에서
돌아오지 못하는 아들아!

가만히 있으라
이 말만 강철같이 믿고 방심하다
배가 심히 기울며 검푸른 수마가 달려들어
공포에 질린 손가락으로 창문을 긁다가
한을 안고 물속에서 숨이 멎었을 너를 생각하면
통한이 홍수처럼 몰려와 주저앉히는구나

배가 서서히 기울 때
탈출하라
누군가 말해 주었더라면
모두가 살 수도 있었을 텐데
위기 탈출법을 가르쳤더라면
너도 살 수 있었을 텐데

배가 모습을 감출 때만 해도
에어포켓에 희망을 걸었기에
운구가 들어와도
가족들의 오열 속에 발표된
인상 착의를 들으며
제발 너 아니길 마음 죄며 바랐다
하지만 에어포켓의 희망 사라지니
운구가 들어오면
제발 너 이길 가슴 죄며 바랐다

날마다 팽목항 바닷가에 나가
너의 이름 부르며
어서 돌아오라고 목청껏 외친다
이따금 팽목항 바닷가에
음식 차려 놓고 용왕님께
어서 내 아들 보내 달라고 애원한다

사랑하는 아들아!
생명보다 이윤만 노리는 선주

무책임과 이기만 가득한 선장과 선원들
부패하고 무능한 관료들과 해경들이
너를 만개 없이 꽃망울로 시들게 했단다

지켜주지 못해 미안하다
우리 어른들이 잘못했다

엄마는 밤마다 꿈에라도 만나고 싶은데
한 번도 나타나지 않는구나
너를 기다리다 마음은 숯이 되고
눈물샘도 가뭄이 들었는데
지금 어디에 있니
이젠 너의 모습 알아볼 수 없겠지
유전자라도 만나게 어서 돌아오너라

고종명

연둣빛 미소로 희원 심어주고
녹색 양산으로 콩알땀 닦아주고
금빛 차림으로 황홀 건네주다
나비처럼 사뿐히 내려앉는

저 아름다운 고종명

망신

세월호가 남긴 상처 아직도 안 아물었는데
잊지 않겠다고 노란 리본 아직도 달고 있는데
제2의 세월호가 불쑥 나타나 나라를 뒤흔든다

나날이 방송과 신문에선
메르스의 확진 사망 격리 숫자가 자란다
한 사람만 잘 관리했으면
한 병원만 잘 관리했으면
온 백성이 불안에 허덕이지 않을 텐데
메르스 세계 2위국이 안 되었을 텐데

마스크 착용할까 말까 갈등이 온다
남들과 멀리 하고 대화도 꺼려진다
모임에 갈까 말까 망설여진다
병원에 들러 기침나면 의심 들고 불안하다

백성의 안전을 책임져야 할 누군가가
굼뜨게 대처하고 비밀로 정보 덮어 버려
임종도 장례 참여도 못해 비통에 잠기고

외로이 생사의 기로에서 모질음 쓰고
화객의 발길이 끊겨 삶이 협박 받는다

어느 화백이 그린 꼭두각시 같은 닭 떠오른다
그 손가락들이 너무나 원망스럽다
지구의 회전을 빠르게 하고 싶다

인국에서 사스의 독수로 칠백 생이 끊길 때
확진자 한 명 없이 사스를 깊숙이 묻고
가슴이 뜨거워 눈물이 난다던
그 사람이 그립다

천상의 꽃
—김영현 시인을 그리며

해거름 호올로 순천만 걸으니
별별 인연들이 선연히 다가온다

발 밑에선 사그락 사그락 사그락
뻘 위에선 버어금 버어금 버어금
순천만에 대한 염정과 그리움이 그득한
그의 연작시 음색껏 읊조리고 있다

그는 지상의 꽃이었다
어디서나 만나면 화기 띤 낮은 자세로
포근함과 부드러움 선사했다

아홉 해 가슴앓이 하던 사연 보였더니
한 배 탄 어부의 인연 저버리지 않고
묵은 체중 내리듯 말끔히 닦아줬다

포악한 병마의 기습 물리지 못해
비탄 속에 허덕이는 가족을 두고
침묵 속에 애통 감춘 시민을 두고

명부행 버스에 너무 일찍 승차했다

천상의 꽃 되어 환대 받고 있으리

설경도

청보리처럼 자라는 아이들의 갈매빛 꿈을 가꿔주던 그녀가 차가운 바람이 몰아치는 섣달 그믐날 오후, 하얀 포장지에 싼 축하의 마음을 그린 선물 한 점 전해 주었습니다

거실 벽면에 걸린 그녀의 꽃마음과 뜨건 정성이 수 놓인 설경도 바라보면 마음엔 하얀 비둘기 날아와 놀고 여미한 꽃도 피어납니다

산과 골짝을 이불처럼 덮고 있는 숫눈은 하얀 마음 지니고 이웃을 포근히 감싸 주며 살라 하고 나뭇가지에 희끗희끗 눈꽃 피우며 혹한을 견디고 서 있는 나목은 차디차고 난험한 삶이 괴롭히더라도 의연히 극복하라 합니다 산 사이로 보이는 창천자락은 쪼들림 속에서도 하늘빛 꿈을 품고 혈한 흘리면 웃는 날이 온다고 일러주고 창공 가운데 떠 있는 흰구름은 구름처럼 살라고 당부합니다

설경도는 내 삶의 나침반입니다 이 진귀한 선물을 건네준 그녀에게 늘 감은을 송부하는데, 설경도 볼 때마다 그녀의 장미꽃 마음이 떠오르며 안부가 보고 싶어집니다

가족 사진

험악한 파도 넘고 넘어
잔잔한 바다에 미소 띤 배들

지난적 거울삼아
희락 만들어 음미하면서
미래의 꽃만 생각하며 가자

작은 행복

냉기가 활개치는 어둑신한 곳간
꽃분에서 겨울잠 자던 백합
물음표 달고 처마 밑으로 나온다

기망 저버리지 않고
다스한 햇살과 산산한 바람의 유혹에
붓 끝 같은 연둣빛 슬며시 내민다
나날이 조금씩 자라는 모습 보니
갈매빛 희원이 자란다
분홍빛 활기도 돋아난다

소용만큼 커진 줄기와 잎 사이
좁쌀만 한 꽃눈이 자라
초록빛 고추처럼 매달린 꽃망울은
마음을 곤히 잠들게 한다
견딜힘도 무쇠처럼 길러 준다

오랜 기다림 안기던
꽃망울이 함박 웃음 보인다

달금한 향내가 온 집안 맴돌아
마음마다 연분홍 환희가 솟는다

나날이 자라는 새싹을 보고
기대가 매달린 꽃망울 보고
만개한 향그른 꽃보는 것은
작은 행복이다

삶의 향기

보도블록 틈에 사는 이끼
불 같은 햇살 연이어 퍼부어도
신음마저 잊은 채
갈빛 얼굴로 죽은 듯 움츠리고 있다
영하의 바람 잇달아 달려들어도
희망의 울짱으로
매몰하게 물리고 있다
행인들이 낮밤으로 무참스레 짓눌러도
인내의 울로 물리며
묵묵히 생 이어가고 있다
이따금 감로수 내리면
연둣빛 미소로 희망 보내고
오래도록 감로수 내리면
청록빛 얼굴로 뛰쳐나오려 한다
보도블록 틈의 이끼 바라보면
삶의 향기 피어 오른다

짐 되지 말아야지

극한에 홀로 사는 일흔아홉 할머니
무릎 통증으로 거지반 집 안에서 맴돈다
따뜻이 지내세요
아들이 보일러 배부르게 해줬는데도
영하 십도 겨울밤에 보일러 만지지 않고
다시 오겠다던 딸 그리며 잠을 부른다
딸이 양손에 반찬 들고
얼음판 골목길을 종종 걸음
마당에서 불러도 기척 없던 할머니
방문 열고 들어서니 얼음방에서
이불 덮고 누워 동태 되어 있다
반찬 보자기 떨어트리며 주저앉아
어머니의 손 부여잡고 회한의 눈물 쏟는다
노인이 따뜻이 지내면 뭐하냐
자식에게 짐 되지 말아야지
늘 자식의 안락만 되뇌던 할머니
이젠 저승에서 평강 누릴까
부모가 자식의 짐 되는 세상
일찌거니 부모는 대비해야 하리

얀 소르코크

빈 술병들이 나뒹구는 고시텔 방내
한 사내의 고독하고 차가운 영면이 있다

그는 여덟살에 보육원에서 노르웨이로 갔다
분홍빛 사랑도 만져 보지 못한 채
무슨 사연으로 뿌리와 작별했을까
얼마나 자꾸 뒤돌아보며 발길 옮겼을까

낯선 이국에서 채성우는 얀 소르코크로
양부모의 사랑 속에 서른세 해 살았건만
밀물 같은 뿌리에 대한 그리움 막을 수 없어
간절한 희원 안고 고국으로 되돌아왔다

비좁고 누한 고시텔에 머물며
1974년 1월 18일 대한민국 출생
하나 뿐인 정보 지니고
보육원의 기억 가물가물한 김해를 시작으로
다섯 해 동안 전국을 뒤었으나 허탕 되었다

절망과 통고가 몰래 건네준 우울증
알코올로 물리다 포악한 병마의 덫에 걸려
한 품은 채 마흔 다섯에 영면했다

외롭고 고달픈 삶 속에서도
가여운 입양인 위해 서슴없이 기부하고
사글세도 한 번 거른 적 없었던 그는
고국의 흙이 되고 싶다던
마지막 희망마저 붙잡지 못하고
한 움큼 재 되어 다시 양모 품으로 갔다

하늘나라에선 실부모 만나 만복 누리길 빈다

보일 사람 보여야

산책길에서 오랜만에 만난 지인이
이산가족 만나듯 복사꽃 얼굴로 건넨 말
보일 사람은 보여야 해

공비들의 총성이 가까이서 날아오는 밤에도
칼바람에 나뭇가지 벌벌 떠는 이른 아침에도
우리들의 공부방에 따스한 가르침 놓고 가셨던
허리 구부정한 어릴 적 은사님이 안 보인다

산고개 험한 삼십리 산길 평지처럼 걸어와 만나고
등록금 없어 퇴학의 그림자에 갇혀 신음할 때
자취하며 귀품 사려고 모은 돈으로 구출해줬던
심장이 허약한 친구가 안 보인다

하루도 빠짐없이 등산길에서 만나면
긴 의자에 앉아 아픈 곳 하나도 없다며
유년에 즐겨 불렀다는 일본 가요 구슬피 부르던
여든 넘은 노인이 안 보인다

내 인생의 주춧돌 튼튼히 놓아 줘
평생 마음 깊이 보석처럼 간직하고 사는 감은
한 번이라도 보여드릴 것을

한 번이라도 더 만나 꽃 같은 추억 나누고
한 번이라도 더 전화해 초록빛 희망 나누며
우정을 더욱 두텁게 할 것을

누군지 몰라보고 헛소리만 할지라도
산이 맺어준 인연과 정 그리며
한 번이라도 찾아가 위문할 것을

보일 사람이 안 보이는 것은
말 없는 이별이고 슬픔이다

수양버들

신작로 끄트머리에
치렁한 머리칼이 보인다

언약을 휴지처럼 버린 채
묵비와 함께 뒤돌아보지 않고 떠난
그녀의 뒷모습이다

잿빛되더라도 추상 말자 했건만
수양버들 보니 쓰린 추억은 보이지 않고
황홀한 추억만 달려든다

미워하지 말자던 말
금언으로 다가온다

지금은 어디서 어떤 모습으로 살까

산길

파름한 승복 입은 노스님 한 분
고승이 머물다 간 으늑한 집 향해
묵묵히 산길을 걷고 있다

이파리 하나 없이도 어엿이 살고 있는
길가 나목들을 자꾸만 칩떠보며 걷는다

길섶 나무 뿌리 이불처럼 덮고 있는
낙엽을 발걸음 멈추고 보다 걷는다

나뭇가지에 앉아 행인에게 환열 주는
낯선 하늘빛 새의 전생 반추하며 걷는다

나도 스님과 동행하며
스님의 마음 지니고 싶다

보약

하오가 오면 산책이 유혹하여
편안한 차림으로 그의 손을 잡는다

낮은 곳으로 가는 하아얀 물소리는
마음을 재우는 자장가다

얕은 물 살금살금 걷다 수면 찍는
깊은 물 둥둥 떠다니다 자맥질하는
물새들의 노동이 고달피 보인다

길가 여러 빛깔의 미소들은
산책인의 마음 화미하게 한다

남녀노소는 분수에 맞는 곳
제 좋아하는 자세로 왕복한다

산다는 건
일정한 곳 갔다가 돌아오는 일의 반복

산책은 무료로 복용하는 보약이다

노동자

눈발이 내리는데
거미 한 마리
담장과 철쭉 사이
그물 가운데
주검처럼 붙어 있다

저물도록 기다려도
오지 않고
매선 눈발만 허기 키운다

한밤 돼도 꿈쩍 않고
인고의 울로 물리며
끈지게 기다리고 있다

눈발은 점점 굵어지는데

제4부

맞보는 손

호미곶에는 새천년의 소망이 빚은
거대한 두 손이 있다

오른손은 사납고 차디찬 바다에서
왼손은 펀펀하고 다사한 육지에서
맞보고 서 있다

바다의 손 바라보고 있으면
삶을 잇기 위해 험악한 파도와 싸우는
빈곤의 늪 탈출 위해 낮밤으로 신음하는
그늘진 모습들이 떠올라 마음이 시리다

육지의 손 바라보고 있으면
높은 배움으로 으늑한 곳에서 삶을 누리는
소유가 많아 적은 움직임으로 평강 누리는
밝은 모습들이 떠올라 마음이 고요하다

두 손은 맞보며 소리없이 외친다
상생합시다 상생합시다

두 손 앞에서 고개가 숙여진다
하찮은 아낙이 나라 살림 몰래 주물러
강의실과 과제 몰라도 성적이 나오고
부호가 말 타는 아녀에게 돈더미 바치는
이기 난무하는 세상이 되어

언제나 두 손 앞에서 가슴을 펼까

지용 생가에서

모란의 향기 실은 아렴풋한 향수의 가락
꿈결처럼 맴도는 초가에 들어선다

용이 연못에서 등천하는 태몽으로 태어나
흙과 함께 그리움의 구근을 묻었고
아궁이에 불 먹이며 사랑을 배웠고
등잔불 밑에서 마음 밭에 시의 씨앗 심었다

대해로 가는 실개천의 이야기 듣고
멀고 낯선 대처 학교로 가 문학의 문턱 넘고
가난으로 엄두 없는데 조건 달린 배려로
동해 저편 이국에서 큰 배움 얻고
모교에 돌아와 후진 가르침으로 보답했다

문림에 들어와 시집 내놓으며
마음에 희락 희원 위안 안겨줬고
문학 휘보로 걸출한 시인 배출했고
시가 가야할 길 새롭게 닦았다

민족상잔의 비극 속에
옥천의 용은 큰 족적 남기고 사라졌다
유품으로 안타까움과 그리움 달랜다

박재삼 문학관에서

으늑한 노산공원 숲길에 들어서니
천년의 바람이 영접한다

박재삼 독서상 곁에 앉으니
생시 같아 얼굴에 환희꽃이 만개한다

어떤 귀로 낭송하여 들어보니
유년의 빈곤한 삶이 절감 된다

가는 곳마다 게시된 시들은
삶의 괴로움 물리는 민초의 마음
고운 우리 말과 오묘한 운율로
훤히 보여 주어 마음 저릿하게 한다

바닷가 바위에 앉으니
가난과 고질 거해 바라보고 잊으며
환희와 위안 주는 시 빛은 박재삼 시인
꿈길에서라도 만나고 싶다

한림공원

모래땅의 기둥 같은 선인장들 보고
숲에 드문드문 사는 열대 파충류 보고
하늘을 찌를 듯 솟은 야자수 밑 걸으니
남국을 찾은 길손이 된다
화산의 뻘겋고 뜨거운 눈물이 빚은
협재·쌍용·황금 굴 삼형제는
기괴한 조각품들로 발길 멈추게 하고
에어컨 틀어 무더위 쫓아준다
재암 민속촌에 들어서니
제주인의 살내음 아스라이 풍기며
옛 삶의 모습 고스란히 보여준다
연못정원 찾아드니
인공 절벽은 하얗고 기다란 여러 줄로
연못 수련들은 하얀 미소 노란 미소로
관광객들을 반겨준다
황무지를 세계인의 공원으로 바꾼
송봉규 선생의 고귀한 정신
마음에 깊이 심고 공원을 나선다

송악산 해안 동굴

제주도 남동쪽 송악산 해안
영혼들의 한 깃든 하얀 해조곡 음미하며
잿빛 모래 자박자박 밟고 얼마쯤 가니
구들장 켜켜이 쌓인 것 같은 절벽에서
해풍에 찌든 열일곱 동굴이 어두운 얼굴로 맞는다

너비는 비슷하나 길이가 다른
ㅡ자 ㅐ자 ㄷ자 동굴 안 들여다보니
이따금 깃털이 바닥에서 온기 그리고 있고
음침이 두려움 뿜어 발길 돌리게 한다
억지로 끌려와 일본군 동굴 빚은 우리 민족
피땀에 얼마나 많이 젖었을까
생 마친 이는 얼마나 될까

해상으로 오는 연합군 함대 공격 위해
일본 해군이 빚었다는 동굴 진지
병사들은 자살 폭파 공격 얼마나 했을까
그 병사들 속엔 우리 민족이 얼마나 됐을까

송악산 해안 동굴 진지는
일본에 조국을 앗긴 우리 민족의
설움과 통고를 고스란히 보여주고 있다
동굴 앞에서 놀고 있는 파도가 느껍게 일러준다
다시는 조국 잃지 마세요

거문오름

화산의 진통으로 태어난 세계자연유산
거문오름 향해 발길 옮긴다

울창한 삼나무 숲에 들어
폭신한 널빤지길 서서히 걸으니
사느란 바람과 실향기 다가와
마음의 얼룩 말끔히 씻는다

에어컨방 같은 숲길 가엔
낯선 나무들이 명찰을 달고 서서
초록빛 미소로 반긴다
누리장나무 달큼한 하얀 꽃향기 속에서
제주휘파람새 홍겨운 가락 은은히 흘러나온다

태평양 전쟁 땐 제주도의 전쟁 기지
제주 4·3 땐 거주민들의 도피처인
허물어진 일본군 동굴 진지는
제주인의 슬픔과 아픔 보여 주고 있다

녹색 옷 입은 숯가마 터는
거주민들의 삶에 은덕 베풀었다고
소리 없이 자랑하고 있다

성글게 쌓여 있는 암석 틈에서
여름엔 선선한 바람
겨울엔 따스한 바람 나온다는
풍혈 앞에서 눈 감으니
선선한 바람이 버거움 죄다 날려보내
내 몸은 풍선이 된다

오래된 신발

신발장 문 살며시 열어보니
잿빛 된 하얀 운동화 한 켤레
혼곤히 잠들어 있다

자가용 같은 신발
수년간 나를 싣고 이동하며
고달파도 내색 안 보였다
비딱이 깎인 바닥의 살
통증은 어떻게 견뎠을까

신발 바닥엔
백두산의 갈색 흙 알갱이
폼페이의 잿빛 화산재 알갱이
으깨어져 물감처럼 물들어 있다

신발에선
두만강의 가파르게 흐르는
세느강의 유유히 흐르는
물소리 꿈결처럼 들리고

중국 곰 사육장의 퀴퀴한
뉴질랜드 과일의 새콤한
내음도 사알살 흩트린다

신발 바라보면
스위스의 하얀 세상
시드니의 풍경화 같은 바다
아스라이 떠오른다

고달파도 묵묵히 헌신한 신발
고마움과 미안이 느껴워도
보답의 길 안 보이는구나
이젠 짐 잊고 편히 쉬거라

감옥

여러 빛깔의 미소로 화사해진 마음이
생태체험관 안으로 들어선다

가뭄 쌓인 계곡을 감추는 낮은 숲
둥글고 긴 감옥 속의 다람쥐 한 마리
여위어 간신히 사처가 보인 그물 같은
철창 붙잡고 눈을 감고 있다

꿈 꾸고 있을 것이다
감옥을 가까스로 탈출하여
따사한 햇살이 스며 드는 나무에서
고향 친구들과 어스름도 잊은 채 노는
맑은 공기 놀고 있는 낙엽에서 찾은 보물로
가족들과 함께 오순도순 허기 지우는

억울하게 영어 생활하며
청산을 애타게 그리워하는 다람쥐 두고
밖으로 나오니 마음이 흐려진다

새벽의 노래

휘이르 휘륵……
이름 모른 새들의
봄의 찬가
초록빛 희망 솟게 하고

꺼어엉 꺼엉……
가까운 산 숲 속
장끼들의 구애곡
황홀한 추억 깨워 주고

우워어 우워어……
산정에서 흘러내리는
등산인들의 노래
환희의 삶 걷게 하고

부우웅 부우웅……
어둠을 가르는
오토바이의 노래
심신을 살찌운다

그 집

먼지만 노니는 길가 요적한 공터에 서니
타임머신이 나를 태우고 추억으로 가네
느티나무 밑 정각 같은 풍광은 아니어도
십여 명이 머물 수 있는 아늑한 공간으로
들를 때마다 낮꽃이 영접하던 곳
일터에서 달라붙은 마음의 분진과 버거움으로
비틀 걸음 칠 때 들어가 살포시 앉으면
마음은 박꽃이 되고 몸은 새털이 되었네
붕우와 마주 앉으면 일급 비밀이 술술 나오고
음담이 샘물처럼 퐁퐁 솟아나 배꼽을 잡고
연둣빛 꿈 이야기도 사알살 맴돌아
사위가 먹빛으로 물들어야 자리를 떴네
연인과 들르면 사랑의 불꽃이 타올라
떨어져 있던 마음이 한 마음 되고
두 몸이 한 몸처럼 되어 황홀의 늪에 빠졌네
공터가 되어 먼지만 노닐고 있는
꽃 같은 추억이 그득한 그 집
꿈에라도 한 번 찾아가 보고 싶네

남미륵사

불이문 들어서니 길 양편에 오백 나한들이
가지마다 진분홍 불을 켜놓고 앉아
드나드는 중생들의 고뇌 털어 주고 있다

대웅전에선 스님이 부처님 앞에서
돌연 이승과 작별한 이의 영혼
극락 가는 길의 장벽들 넘게해 달라고
목탁치고 절하며 기원하고 있다

동양 최대 아미타 부처님은
높은 곳에 홀로 앉아 내려다보며
고개 숙이고 눈감고 두손 모아 희원하는
가족의 소원 온 누리의 평화
이뤄 보겠다고 다짐하고 있다

시냇물

시냇물은 맘속을 훤히 보여준다
그러고도 부끄러워 않고 어엿하다
사람 맘도 시냇물처럼 볼 수 있다면
세상은 얼마나 깨끗해질까

시냇물은 낮은 곳 찾아 흐른다
우리들도 낮아지려고 한다면
마음이 얼마나 평화로워질까

시냇물은 가파른 자갈길 내려갈 땐
경쾌한 노래를 부른다
우리들도 험난한 길 갈 때
노래 부르며 갈 수는 없을까

시냇물은 봄이면 꽃배를 띄운다
꽃배를 타고 선유한다면
마음이 얼마나 황홀해질까

잿빛 왜가리

가등 불빛이 검푸른 수면 가르고
하얀 왜가리는 모두 귀가하는데
잿빛 왜가리 한 마리
물 가운데 물음표로 서 있다
무슨 고민 있는 걸까
무슨 궁리 있는 걸까
한참 후 산책인 발길 머츰하니
물 얕은 다리 밑으로 옮긴다
긴 다리로 살금살금 걸으며
남은 일을 시작한다
어둠을 헤치며 귀가하는 내 마음엔
등불이 켜진다

시골버스

시골버스는 극장이다
창문스크린은 다큐멘터리로 제작한
멋있는 영상을 보여준다

여럿을 암탉처럼 포근히 품으며
청록빛 꿈 건네주는 솔숲

화사한 금빛 진홍빛으로
시선 설레게 하는 단풍

시골 마을 나직한 굴뚝에
구불구불 오르는 하얀 연기

빨간 꽃송이처럼 매달린
어린 시절 허기 달래주던 감

자손들의 삶의 빛깔에 따라
단장한 차림새가 다른 묘소

매선 하늬바람에 파르르 떨며
간힘 쓰면 오는 봄 기다리는 어린 보리

댐물이 올려 보내는 하얀 안개가
펼쳐 보이는 멋겨운 산수화

영화는 하차로 끝난다
타임머신으로 유년의 시골 구경시킨

요가 예찬

나날이 일정한 시간에
정갈한 차림으로 여유 안고
그리움 반기는 곳 향해 발길 옮기면
삶의 향이 금목서처럼 퍼진다

결가부좌로 앉아 눈감으면
계곡의 물소리 새소리
꿈결처럼 들려
계곡 너럭바위에 앉은 수도승 된다

앉아서
서서
엎드려서
누워서
잠자는 전신의 관절 근육
아픔과 힘겨움 달래 가며
억지로 흔들어 깨워 단련한다

눈감고 누워 잔잔한 가락 사이로

흘러나오는 마음 닦는 이야기 들으면
몸맘의 버거움 불티처럼 꺼진다

귀갓길엔 창공을 날으는 새가 된다

| 해설 |

소외되고 짓밟힌 것들에 대한 연가

문두근

(시인·문학박사)

Ⅰ. 서언

박범석 시인이 제2시집 『상사 연가』를 낸다. 첫시집 『소나무 세상』이 출간된 것이 2012년이니 7년만에 제2시집을 내는 셈이다. 그 동안 박범석 시인은 몸이 때로 불편한 가운데에도 시간을 내어 시를 쓰는 일을 멈추지 않았다고 한다. 이 기간 동안에 쓴 여러 시편 중에서 뽑은 75편의 시가 이 시집에 실려 있다.

이 시집은 4부로 나뉘어 시들이 지향하는 바의 의미망을 각각 형성하고 있다. 그러나 필자는 이에 얽매이지 아니하고 시편들 중심에 한결같이 투영되어 있는 그의 시적 지향점이 무엇인가를 살펴보고자 한다. 이를 통하여 독자들이 박범석 시인의 시를 이해하고 감상하는 데에도 도움이 되고자 한다.

Ⅱ. 소외된 것들에 대한 연가

이번 시집에 실린 박범석 시인의 시편에는 보편적으로 사람들이 소중하게 여기지 않는 것들, 사람들의 관심 속에서 밀려난 것들, 이렇게 소외된 것들에 대하여 사랑을 쏟는다.

시냇가 무성한 잡풀 사이에
피어 있는 개망초꽃

키 크고 굵게 태어나지 않아도
아무도 원망 않고
제 보다 키 작고 가는 잡풀 보며
가슴을 펴고 있다

향기 좋은 큰 꽃 피우지 못해도
누구에게도 부끄러워 않고
제 보다 향기 옅은 작은 꽃 보며
어깨에 힘 주고 있다

아무도 발길 멈추고 보지 않아도
부드럽고 산산한 마파람에
사알살 배꼽춤 춘다

—「개망초꽃」 전문

이 시의 소재가 된 '개망초꽃'은 시골에서는 어디에서든지 가장 흔하게 볼 수 있다. 도심에서도 버려진 공터에서 곧잘 볼 수 있는 꽃이다. 돌보지 않아도 번식이 잘되기 때문에 농부들에게는 꽃이 아니라 매우 귀찮은 풀에 불과하다. 또한 개망초꽃은 '개살구'나 '개비름'같이 이름 앞에 '개' 자가 붙음으로 사람들로부터 대접을 받지 못하는 부류이다.

그런데 박범석 시인은 이와 같이 하찮은 것들이나 천대 받는 것들에 대하여 관심을 기울이고 있다. 뿐만 아니라 개망초꽃은 자기보다 키도 작고 향기도 옅은 잡풀과 함께 서 있기도 하고 함께 흔들리기도 하며, 그것을 부끄러워하지도 않다는 것, 그것에 가치를 두고 있다.

또한 "아무도 발길 멈추고 보지 않아도" 박범석 시인은 개망초꽃의 가치를 발견하고 있다. 개망초꽃은 꽃집에서 팔고 사는 꽃이 아니다. 그럼에도 물질적 비용을 들여 살 수 있는 다른 꽃들이 무색할 만큼 화려한 아름다움을 지니고 있는 꽃이라는 것을 발견하고 있다.

아래의 「연두꽃」도 이와 같은 박범석 시인의 시정신을 잘 보여주고 있다.

> 십여 꽃분의 다육이들이 친구처럼 모여 산다
> 여름 아침, 그 가운데 하나가 꽃을 피운다
>
> 꽃잎 조그만큼 하고 뾰족한 연두꽃
> 하나 피었다 지면 또 연달아 피운다
>
> 꽃잎 작고 빛깔 화미하지 않아
> 아무도 거들떠보지 않아도

이곳에선 나 혼자 꽃 피운다
발길 멈추고 눈길 안줘도 좋다
조상 원망 않고 늘 감은 보낸다
꽃 피울 수 있다는 게 얼마나 행복이냐

소리 없이 말하며 어엿이 산다

—「연두꽃」 전문

필자는 연두꽃이 어떻게 생겼는지는 모른다. 그러나 이 시에 의하면 꽃잎 작고 빛깔 화미하지 않아 아무도 거들떠보지 않는 꽃이라는 것을 알 수 있다. 화초는 주인의 발자국 소리를 듣고 자라며 꽃을 피운다고 한다.

그런데 연두꽃은 발길을 멈추고 눈길을 주지 않아도, 주어진 환경을 탓하기는커녕 오히려 늘 감사하면서, 십여 개의 화분들 중에서 혼자 꽃을 피우고 있다는 것이다.

이 외에도 이와 같은 정조를 엿볼 수 있는 시편들이 있다. 남들처럼 화사하고 향기 나는 꽃을 피우지 않고도 달콤한 열매를 맺는 「무화과나무」와, 아무도 살지 않는 빈 새집에 바람이 지나다 쉬었다 가기도 하고 햇살이 방안을 따뜻하게 해놓고 가기도 한다는 「새집」이 곧 그것이다.

또한 보도블록 틈에 살고 있는 이끼가 불 같은 햇살 퍼부어도 신음도 내지 않고, 그리고 영하의 바람이 잇달아 달려들거나 행인들이 밤낮으로 무참하게 짓눌러도, 묵묵히 생을 이어가고 있다는

「삶의 향기」등도 있음을 볼 수 있다.

Ⅲ. 짓밟힌 것들에 대한 연민

박범석 시인이 이번 시집에서 또한 우리들에게 던지고 있는 것은 짓밟힌 것들에 대한 연민이다. 짓밟힌 것이란 무엇인가. 그것은 나의 의사와는 전혀 상관없이 타자(他者)의 강압적인 힘에 의하여 무참히 몸과 자아가 파괴되거나 무너진 것을 의미한다. 아래의 시를 보자.

논 사이 아스팔트길 가장자리
낙엽처럼 말라 있는 개구리 한 마리

수려한 삶 꽃 피우지 못한 채
서둘러 이생 떠난 사연은 무엇이더냐
…(중략)…
조급하게 했던 사연은 개구리와 함께
오월의 햇볕에 마르고 있다

차 바퀴 지날 때마다
개구리의 비명이 애처로이 들려
인근 꽃밭에 고이 묻는다

차 없는 세상에서 희원한 복 누리거라

—「길 위의 개구리」 부분

이 시는 박범석 시인이 차에 치여 죽은 개구리를 목격하고 쓴 것이다. 개구리가 농로(農路)를 지나가다 차에 치여 죽고, 계속하여 자동차들이 지날 때마다 그 바퀴에 압박되어 아스팔트 길 위에 낙엽처럼 말라버렸다는 것이다. 그는 이를 목격하고 개구리가 죽을 때의 애처로운 비명을 듣기도 하고, 또 인근의 꽃밭에 죽은 개구리를 묻어 주기도 하며, 소위 명복을 빌어준다.

아래의 「매화, 더 하얗다」도 이러한 시심을 엿볼 수 있는 시이다. 이 시 역시도 그 내용이 「길 위의 개구리」라는 시가 지닌 정서와 비슷하다.

> 무료로 주는 보약 복용 시작하는데
> 아스팔트 길가 비파나무 밑
> 잿빛 새 한 마리 긴 돌멩이처럼 굳어 있다
> …(중략)…
> 그대로 두고 지나치려니
> 귀가하는 피곤한 차의 발굽에 두 번 죽어
> 미화차 타고 쓰레기 무덤으로 갈 것 같아
> 두 손으로 살며시 잡고 산으로 올라가
> 매화나무 밑에 고이 장사 지내며 기도했다
> 고통 없는 세상에서 만복 누리거라
>
> 이듬해 피어난 매화는
> 전년 보다 더 하얗고

실바람 소리 같은 새소리 흩트렸다

—「매화, 더 하얗다」 부분

추측하건데 산책을 하던 중 어느 아스팔트 길 옆 나무 밑에 죽어 있는 새 한 마리를 목격하고 그를 산 위의 어느 매화나무 밑에 묻어 주고 내생에서는 복을 누리라는 기도를 하였다는 것이다. 그리하였더니 이듬해에 매화가 더 하얗게 피었다는 것이다.

이 시에서 주의 깊게 보아야 할 시구는 "무료로 주는 보약 복용 시작하는데" 이다. 이 시에 등장하는 새에 대비하면 우리 인간은 강자라고 할 수 있는데, 그 강자는 보약을 복용하며 생명을 강건하게 하거나 수명을 연장하려고 하면서도 약자인 새의 죽음에 대해서는 지나치고 있음을 가만히 보여주고 있다.

혹자는 이 시에서 나이브(naive)한 것 이외에 무슨 의미가 있는가라고 말할지 모른다. 그러나 이 시는 강자에게 짓눌려버린 약자의 처절함을 순탄하게 드러내 놓고 있다. 더불어 이 시는 그것이 무엇이든지간에 '너'와 '나'를 가리지 않고 생명은 모두 소중하기 그지없다는 것을 보여주고 있다.

이상 위에서 살펴본 시편들 이외에도 제1부에 편재된 시들은 그 대상이 소외되거나 짓밟힌 것들이라 할 수 있다. 여기에 실린 「화태도」 등 5개의 섬에 관한 시도 육지 본토에서 떨어져 해상이라는 거리를 두고 격리된 공간인 것이며, 「군자란」「무화과나무」「석곡」「덩굴손」 등 이런 일련의 시도 이미 주류에서 밀림을 받은 것들이다. 그리고 「가출」의 경우도 혈족과 떨어져 포식자의 위협에 떨며 아무도 가까이 다가와 주지 않는 곳에서 홀로 허기를 달래는 갈매기 한 마리를 보여주고 있다.

박범석 시인의 이러한 시편들은 무시되고 방치되고 잊혀지고, 그리하여 주류 세력으로부터 소외되었던 것들에 대한 조신한 애정의 발로이자 그들에 대한 순박한 연가이다. 그리고 약자의 죽음이나 짓밟힘을 통하여 우리 사회에 만연되어 있는 강자의 약탈적 횡포와 약자의 끔직한 비애를 환기하고 있다. 또한 너의 생명을 소중히 여기고 존중함으로 인하여 서로가 공생할 수 있다는 것을 함유하고 있으며, 이 역시 생명을 경시하는 우리 사회의 세태에 대한 경종이라 할 수 있다.

Ⅳ. 기타의 시편

이 시집에는 위에서 살펴본 제1부의 시편들 외에도 다른 시편들이 실려 있다. 제2부에는 박범석 시인의 고향인 순천시 상사면의 여러 풍정들과 역사적 사실 등에 대한 시들이 실려 있다.

> 나를 잡아 새끼로 묶어 봇둑에 파묻으니 그 뒤로 보가 무너지지 않았다네요 …(중략)… 나의 살신성인으로 많은 백성들이 귀중한 목숨 이어가고 화미한 삶 누리는 걸 보며 모두 관용하고 살고 있네요
>
> —「우산이의 독백」 부분

이 시는 현재도 상사면에 있는 '우산보'에 관한 설화를 바탕으로 쓴 시이다. 이 설화는 인주설화이다. 보를 막기 위하여 사람을 제물로 바친 것이다. 그런데 박범석 시인은 어린 나이로 인신공양

의 제물이 되어 꽃도 피우지 못하였던 '나'가 '많은 사람들의 귀중한 삶'이라는 대의(관용)를 앞세우고 있다. 이와 같은 시적 구현은 박범석 시인의 천성에서 기인되고 있다고 보여진다. 이 외에도 통일신라 말기에 도선국사가 창건하였다고 전해지는 사찰 '도선암'에 관한 시, 전남 동부 지역의 주요 식수원인 '상사호'에 관한 시, 기묘사화로 유배되었던 박세희 등이 배향되어 있는 '이천서원'에 관한 시가 실려 있다. 또한 임진왜란 때 의병을 모아 참전한 '박대붕의사'와 순천에서 3·1 독립만세 주도하였던 '박항래의사'를 비롯하여 6·25전쟁에 참전하였다 전사한 '정진화 병사' 등에 관한 시도 있다. 그리고 대통령상을 받은 민속놀이인 '운곡 대보름 액막이 굿'과, 삶의 많은 애환이 서린 '이사천' '땁고개' '원고개' '평강' 등과, 마을에서 오래된 나무로 순천만정원 제1호 나무와 종족 및 모교와, 시인의 개인적 회환이 관련된 시들이 실려 있다. 이러한 시들은 한마디로 시인의 고향에 대한 한없는 애정이 담겨 있다.

제3부에는 육친을 비롯하여 친지와 이웃들에 대한 시들이 실려 있다. '어머니' '고모' '당숙' '그이'로 지칭되는 형님, 내 삶의 나침반이 된 '설경도'를 선물해준 그녀와 언약을 깨고 떠난 그녀, 나날이 만개한 꽃을 보는 것 같은 후손, 그리고 세월호 관련자와 후배 시인, 스승과 친구 등에 대한 감사와 그리움과 회한을 그린 시들이 있다. 이 외에도 「얀 소르코크」 시는 어린 시절에 보육원에서 노르웨이로 입양되었다가 청년이 되어 친부모를 찾기 위해 고국에 왔다가 뜻을 이루지 못하고 절망과 우울 속에 살다 생을 마감하였다는 것이다. 이는 소외되어 변방으로 밀려난 입양아의 불

행한 죽음에 관한 것이다.

> 눈발이 내리는데
> 거미 한 마리
> 담장과 철쭉 사이
> 그물 가운데
> 주검처럼 붙어 있다

—「노동자」 부분

이 시는 처절하게 살아가는 노동자의 삶의 모습을 상징적으로 보여주고 있다. 이 두 시에서도 박범석 시인은 소외되고 짓눌린 것들에 대하여 주목하고 있음을 볼 수 있다.

제4부에는 주로 여행 중에 얻은 시편들을 묶어 놓고 있다. 우리나라의 제주도나 동해를 비롯하여 정지용과 박재삼의 문학관에 대한 탐방과 중국 및 유럽 등지를 여행한 소회를 보여주고 있다. 이러한 박범석 시인의 국내외의 여행은 시 「오래된 신발」에 축약되어 있다. 여행을 떠날 때마다 신고 다녔던 운동화가 잿빛이 되었고 이제는 편히 쉴 것을 예고하고 있다. 그런데 여행 중에 그가 본 많은 것들 중에서 그의 시심이 미친 것은 「시골버스」이거나 「잿빛 왜가리」이다. 이 역시 중심이 아닌 변방에 존재하는 것이며, 특히 하얀 왜가리들에게 밀린 잿빛 왜가리이다. 하얀 왜가리들은 이미 모두 귀가를 했음에도 잿빛 왜가리는 귀가도 미룬 채 홀로 남은 일을 하고 있는 것이다.

V. 결어

이상에서 몇 편의 시를 중심으로 박범석 시인의 시에 대한 이해와 감상을 해 보았다. 박범석 시인의 이번 시편들 곳곳에서 일관되게 감지되는 것은 소외된 것들과 짓밟힌 것들에 대하여 따뜻한 시선을 보내고 있다. 지금 한국 사회는 주변 사람들과 단절되어 홀로 살다 홀로 죽고 그 시신도 오랫동안 방치되는가 하면 기득권 집단의 극단적인 이기주의와 횡포가 횡행하고 있는 것이 현실이다. 또한 존속 살인 등 패륜적인 범행도 드물지 않다.

그런데 박범석 시인은 소외되고 짓밟힌 것들의 곁에 서 있기도 하고, 함께 흔들리기도 하며, 그들의 비명을 듣기도 한다. 그들의 죽음을 방치하거나 방관하지 않고 거두어 주고 있다. 뿐만 아니라 그들을 위하여 기도하고 있다.

결국 박범석 시인의 시는 휴머니티가 그의 시 배면에 잔잔히 배어 있다. 요란히 내세우지 않으나 조금 생각하면 마땅히 우리들 중의 누군가는 가야할 길이다. 그 길을 그가 가고 있다.

박범석 시집_ 상사 연가

초판 인쇄 | 2019년 5월 25일
초판 발행 | 2019년 5월 30일

지 은 이 | 박범석
발 행 인 | 문효치
편집국장 | 김밝은

펴낸곳 | 사단법인 한국문인협회 THE KOREAN WRITERS ASSOCIATION 月刊文學 출판부
주소 | 서울시 양천구 목동서로 225 대한민국예술인센터 1017호
전화 | 02-744-8046~7
팩스 | 02-743-5174
이메일 | klwa95@hanmail.net
등록 | 2011년 3월 11일 제2011-000081호
ISBN 978-89-6138-410-0 03810

값 10,000원